U0003668

Smile, please

smile 125

【跟一行禪師過日常】怎麼愛

作者：一行禪師（Thich Nhat Hanh）
譯者：吳茵茵
責任編輯：潘乃慧
封面設計、繪圖：王春子
校對：呂佳真
法律顧問：董安丹律師、顧慕堯律師
出版者：大塊文化出版股份有限公司
台北市105022南京東路四段25號11樓
www.locuspublishing.com
讀者服務專線：0800-006689
TEL：(02)87123898　FAX：(02)87123897
郵撥帳號：18955675　戶名：大塊文化出版股份有限公司
版權所有　翻印必究

總經銷：大和書報圖書股份有限公司
地址：新北市新莊區五工五路2號
TEL：(02) 89902588　FAX：(02) 22901658
初版一刷：2016年9月
初版二十八刷：2024年8月

定價：新台幣160元
Printed in Taiwan

一行禪師
Thich Nhat Hanh

怎麼愛

How to Love

吳茵茵　譯

目錄

愛的筆記

心如河流

把一巴掌的鹽巴丟入一杯水裡，那杯水就不能喝了，但如果把鹽巴倒入河流裡，河水還是可以拿來煮飯、清洗和飲用。河流廣大無垠，具有接收、容納和轉化的能力。心量狹小時，瞭解和慈悲是有限的，我們就會痛苦。我們無法接受其他人，無法容忍他們的缺點，我們堅決要對方改變。但如果把心量擴大，同樣這些事情就不再讓我們痛苦。我們善解人意、慈悲為懷，能夠全然接納他人。接受真實原本的對方，對方就有機會轉化。因此大哉問是：我們要怎麼把心量擴大？

餵養愛心

滋養快樂和愛的這門藝術，人人都能學習。萬事萬物都需要食物才能存活，就連愛也是。如果不知道怎麼滋養愛，愛就會枯萎；如果餵養並維護快樂，就是在增長愛的能力。這就是為什麼去愛就是去學習滋養快樂這門藝術。

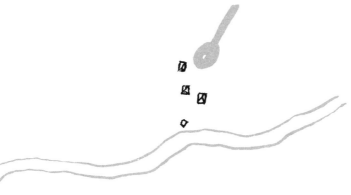

瞭解是愛的本質

給予他人的最佳禮物，就是瞭解對方的苦。
瞭解是愛的另一個名稱。如果不瞭解，就沒
辦法去愛。

認識真正的愛

真愛帶給我們美麗、清新、安定、自由和平靜。真愛還包括一種深層的喜悅,感受到活著帶來的喜悅。有愛卻沒有感受到這種深層的喜悅,就不是真愛。

尊敬是愛的本質

亞洲有個傳統：對待伴侶如同對待上賓。就算你跟伴侶在一起很久了，還是要相敬如賓。對方永遠值得你全然的尊敬。敬重是愛的本質。

愛是寬廣的

剛開始交往時,你的愛可能只包含自己和對方。但是練習真愛,那份愛很快就會增長而涵納所有人。愛停止成長的那一刻就開始步入死亡。這就像一棵樹;樹如果停止生長,就是在走向死亡。我們能學習如何餵養愛、幫助愛持續增長。

愛是有機的

愛是活生生、會呼吸的,不用勉強它往特定的方向生長。如果一開始先練習對自己抱持輕鬆溫柔的態度,就會發現內心本具的愛,實實在在的,能夠帶來療癒。

分心

我們深深地愛上一個人，常常不是因為真的愛對方、瞭解對方，而是為了轉移對自身痛苦的注意力。我們學會愛自己、瞭解自己，對自己產生真正的慈悲，這時對別人就會有真正的愛和瞭解。

真愛的四大元素

真愛由四大元素構成：慈（maitri）、悲（karuna）、喜（mudita）、捨（upek-sha）。愛如果包含這些元素，就具有療癒和轉化的作用，也具備了神聖性。真愛具有療癒和轉化任何情境的能力，也為生命帶來深邃的意義。

慈

真愛的第一元素是慈。慈，基本上是給予幸福的能力；你可以成為他人的陽光。除非自己幸福，否則沒辦法為他人帶來幸福。因此請在內心建立一座家園，方法是接納自己，學習愛自己、療癒自己。學習培養正念，才能創造幸福和喜悅的時光來滋養自己。這麼一來，你就能夠把幸福快樂獻給對方。

悲

真愛的第二元素是悲。悲是瞭解自身和他人痛苦的能力。瞭解自身的苦,就能幫助對方瞭解他的苦。一個人瞭解苦,就會生起悲心,也會帶來釋懷。練習正念並深入觀照,就能轉化自己的苦,也有助於轉化對方的苦。

喜

真愛的第三元素是提供喜悅的能力。知道怎
麼樣生起喜悅時，喜悅就會滋養自己和對
方。你的出現就像新鮮的空氣、春天的花
朵、清朗的藍天，你的出現本身就是供養。

捨

真愛的第四元素是捨,也可稱為包容一切或無分別。在深刻的關係裡,沒有界線劃分自己和對方。你就是她,她就是你。你的苦就是她的苦;你對自身痛苦的瞭解,也幫助你所愛的人減輕痛苦。苦和樂不再是各自的事情。愛人碰到的情況,你感同身受;你碰到的情況,愛人也感同身受。

尊重和信任

除了傳統的真愛四元素慈、悲、喜、捨之外，還有兩個元素：尊重和信任。這兩個元素其實也能在慈、悲、喜、捨之中看到，但在這裡提出來講，對我們有幫助。你愛某人時，就要有信任和信心。沒有信任的愛還不是愛。當然，首先你得信任、尊重自己，對自己有信心。信任自己有善良慈悲的本質。你是宇宙的一部分；你由眾星構成。你看著所愛的人時，會看到他也是由眾星構成，他的內心也攜帶著永恆。這麼觀看，敬意就會油然而生。不信任、不敬重自己和對方，就不是真愛。

漂漂亮亮做自己

接受自己的身體，就有機會把身體當作自己的家。你可以在身體裡休息、安頓、放鬆，感到喜悅輕安。如果不接受自己的身和心，就無法自在地跟自己相處。自己是什麼樣子，就接受自己是什麼樣子，這是非常重要的練習。你練習在自身內在打造家園時，會變得愈來愈美麗。

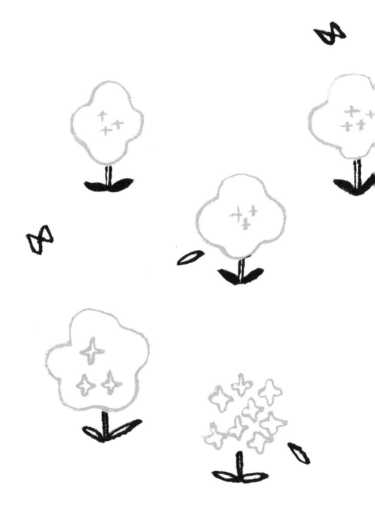

你是一朵花

每個孩子都是一朵花，出生在人類花園裡；每一朵花都與眾不同。但就算在我們年少的時候，社會上也有許多訊息告訴我們：你有哪裡不太對勁，但如果購買正確的產品、打扮成某種樣子，或是找到適當的伴侶，一切就會圓滿如意。我們身為成年人，可以提醒年輕人他們真真實實的樣子就很美麗了，不用成為別人。

灌溉朋友心中的花

有一天，我在我們法國的禪修中心開示，在座有一對夫妻來自法國的波爾多市，他們有時候會來我們的中心參加活動。我開示時，太太坐在聽眾席前排，從頭到尾都在流淚。開示結束後，我去找她先生，跟他說：「親愛的朋友，你的花需要澆水囉。」他馬上會意過來。他們用過午餐後，沿著鄉間道路開車回家。先生利用那一個半小時，讓太太知道自己是多麼感激她的一切。他們回到家後，孩子很驚訝地發現父母滿臉歡喜。轉變可以發生得很快。

擁抱

一九六六年，一位朋友載我到亞特蘭大機場。我們道別時，她問：「不知道可不可以跟出家人擁抱耶？」在越南，我們不習慣用擁抱的方式表達自己，但我心想：「我是禪師，擁抱道別應該沒問題。」所以我說：「當然可以。」於是她抱了抱我，但我全身僵硬。在飛機上，我想清楚了：如果要在西方弘法利生，就要學習西方的文化。於是，我發明了擁抱禪。擁抱禪結合東方與西方的精華，也就是要真正擁抱對方。你要讓對方真真實實地在你懷裡，不只是做做樣子、拍拍對方的背，假裝你在場，而是帶著覺察呼

吸，用身心靈去擁抱。擁抱禪就是在練習正
念。「吸氣，我知道我愛的人在我懷裡，活
生生的。呼氣，她對我非常珍貴。」你抱著
所愛的對象時，如果這樣深層地呼吸，你關
愛和感激的能量就會滲透對方。她會受到滋
潤，像花朵般綻放。

身與心

身和心不是兩個分開獨立的實體。身體的狀況會影響心，反之亦然。心的呈現有賴於身，而身的生命、可能性有賴於心。你愛某人時，要尊重對方，不只是尊重對方的心，也要尊重對方的身。你尊重自己的身體，也尊重她的身體。你的身體是你，你的身體就是你的心。對方的身與心也是互相連結的。

修心

靈修不是指盲目地相信一個靈修教法。靈修是修持,帶來解脫、溝通和轉化。人人都需要精神層面。大家平常會碰到大大小小的困難,如果缺乏精神層面,要面對這些困境就會覺得非常吃力。有了精神上的修行,你就不再害怕。除了肉身之外,你還有靈性之身。呼吸、行禪、專注和理解的練習,能大幅幫助你處理情緒,幫助你傾聽和擁抱苦,也幫助你體認並擁抱另一人的苦。如果我們有這項能力,就能跟自己和他人發展出精神上真實而持久的親密關係。

三種親密關係

親密關係有三種：身體、情緒和精神上的，三者應配合並行。每個人都在尋求情緒上的親密。我們想要有真正的溝通、相互的理解和交流。我們想與人建立和諧的關係。當親密關係包含這三個元素時，身體上的親密關係就會更有意義，而且會非常健康，並且帶來療癒。

空洞的性

性欲不是愛。沒有愛的性活動稱為空洞的
性。如果你只是滿足了身體欲望,卻沒有滿
足到心,你還會心滿意足嗎?你會感覺完
整、有連結嗎?當你的身心靈都滿足時,親
密的性關係會讓你與自己和伴侶有更深層
的連結。

說「不」

愛對方,不代表讓對方予取予求。愛他人的
基礎是認清自己、知道自己的需要。我認識
一位女性,她活在很大的痛苦之中,因為她
無法說「不」。從她年輕時開始,每當男人
對她有所要求,她都覺得必須說「好」,就
算她並不想那麼做。對他人的愛,不應凌駕
於傾聽自己和瞭解自己的需要之上,這一點
很重要。

強壯的三種根基

為了維持對伴侶一心不二，為了安然度過最激烈的風暴，就要有強壯的根基。如果等到跟伴侶的關係出現裂痕，才試著解決，就表示尚未建立夠穩固的根基，來抵擋攻擊。我們往往以為關係取得了平衡，但事實上這個平衡點是脆弱的。只要微風一吹，我們就不支倒地。杜松樹的根扎得很深，深至地心，因此穩固堅實。有些樹看起來儘管非常穩固，一陣強風暴雨就被吹倒了。有韌性的樹能撐過暴風的肆虐，因為根扎得又深又穩。持久關係的三種根基就是正念、深入傾聽和慈愛言語，以及支持你的有力社群。

共同的心願

在一個愛情關係裡，你和伴侶如果有同樣的心願，兩個人就會成為一體，成為世界上愛與和平的化身。你們這個團體一開始只有兩個人，接著會逐漸擴大。我們禪修中心有一百多人，大家有同樣的顧慮、同樣的渴望、同樣的未來。那裡不再有嫉妒的空間，因為大家對同一個願心忠心耿耿。我們什麼都分享，但還是有完整的自由。愛不是監獄；真愛給我們許多空間。

慈愛的溝通

愛對方卻不知「怎麼」去愛，只會傷害到我們所愛的人。要知道如何愛一個人，就要瞭解對方。要瞭解對方，就要傾聽。對方可能是我們的伴侶、朋友、兄弟姊妹或孩子。你可以問：「親愛的，你覺得我夠瞭解你嗎？請告訴我你的困難、你的苦、你最深的心願。」這麼一來，對方就有敞開心胸的機會。

透過呼吸，避免爭吵

雖然大家都知道責罵爭吵沒用，但我們一再
忘卻。覺察呼吸，有助於培養在關鍵時刻停
下來的能力，之後會悔恨的事情不去說也不
去做。跟伴侶相處融洽時，要練習正念呼
吸，兩人出現摩擦時，呼吸才能幫助你。

耐心傾聽

所愛的人在講話時,要練習深入傾聽。有時,對方說的話會讓我們驚訝,發現對方跟我們看事情的角度恰恰相反。讓對方自由地講話,不要打斷或批評他的言語。全心深入傾聽時(不管是十分鐘、半小時,乃至一小時),我們開始更深入地看到對方、更瞭解對方。如果對方基於錯誤的認知,講了什麼不正確的話,可以稍後再提供一些資訊,幫助他們修正看法。但現在,傾聽就好。

從情結中解脫出來

我們陷入自身的情結時，往往無法全心愛自己或他人。自卑的人，自尊很低，這是一種病態。自尊過高也是病態，因為你認為自己比其他人優越，這也會造成痛苦。平等雖然是好事，卻可能是一種情結。你說「我跟他一樣好」，這表示你還是認為有個獨立存在的自我。你把兩個自我互相比較時，就會帶來痛苦。真正的自由是超越所有情結的束縛。

真正的伴侶

我們往往不曉得自己在愛情關係裡，是否有足夠的東西可以給予。我們渴求真理、良善、慈悲、靈性之美，因此向外尋求。有時候，我們以為找到了體現真善美的伴侶，一段時間後，通常會發現自己對那個人的認知有誤，於是失望透頂。真正的伴侶或朋友會鼓勵你深入觀看內心，找到你一直在尋求的美與愛。

喜悅帶來療癒

關係如果無法帶來喜悅，就不是真愛。如果你總是讓對方整天哭泣，這不是真愛。你只能讓對方幸福快樂，而且要瞭解對方的真實需要。練習並學習如何隨著吸氣、呼氣和步伐來產生喜悅愉快的感覺。如果具有足夠的瞭解和愛，那麼每一刻（不管是在做早餐、開車、澆花或其他事情）都可以是喜悅的時光。

得到喜悅的滋潤

學習用喜悅來滋潤自己和對方。你有辦法讓
對方微笑嗎？你有辦法提升她的自信和熱
忱嗎？你如果沒辦法為她做這些小事情，又
怎麼能說你愛她呢？有時候，一句好話就足
以讓對方像花朵般綻放。

觀照

如果排拒自己、傷害自己的身心，那麼談論愛別人、接納別人都是白費口舌。帶著正念，能觀照到慣性的思維模式和思緒的內容。有時候我們鑽牛角尖，陷入不信任、悲觀、衝突、悲傷或嫉妒裡，這些心態自然會從言語和行為中流露出來而傷人傷己。用正念之光照耀慣性思維模式，可以把它們看得清楚透徹。認出自己的習慣、對習氣微笑，就是在練習適當的心理注意，有助於創造更有利的神經新路徑。

當伴侶的療癒師

梵文的 karuna 往往翻譯成「悲」。悲就是與另一個人「一同受苦」，分擔對方的苦。但 karuna 的意思更深更廣：不只是分擔別人的苦，還具有能力去除、轉化苦。你去看醫生時，如果醫生只是分擔你的痛苦是沒用的；醫生要幫忙療癒痛苦。當你愛一個人，要有能力幫助對方舒緩、降低痛苦；這是一門藝術。你不瞭解對方痛苦的根源，就幫不上忙，就像醫生不曉得你的病因，沒辦法幫你治病一樣。你要瞭解愛人的苦因，才有辦法幫助對方卸下心裡的困苦。

正念分明地愛

「愛」這個字很美,我們要恢復它的真義。
我們說「我愛漢堡」時,就破壞了「愛」這
個字的意義。正確、謹慎地使用字詞,才有
辦法療癒字詞。真愛包含責任感、接受真實
的對方、接受對方的所有優缺點。如果你只
喜歡對方的優點,這就不是愛。你還要接受
她的缺點,用耐心、理解力和能力,來幫助
她轉化。這種愛會帶來保護和安全感。

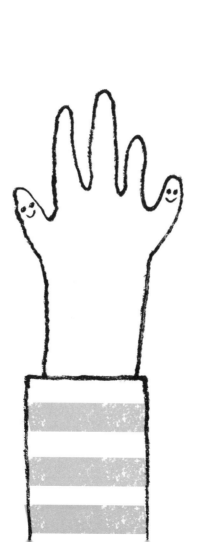

無分別

真愛裡沒有分隔或區別。他的快樂就是你的快樂，你的苦就是他的苦。你再也不能說：「那是你的問題。」在真愛裡，快樂和痛苦都不再是個人的事情。你就是他，他就是你。在良好的關係裡，我們如同一隻手的兩根指頭。小指頭沒有自卑情結，不會說：「我好小喔，真希望像拇指哥哥一樣大。」大拇指也沒有優越情結，不會說：「我比較重要，我是所有指頭的老大哥，你得乖乖聽我的話。」小指頭和大拇指是完美搭檔、合作無間。

尋求幫助

你感到痛苦時，可能想躲到房裡鎖上門哭泣，最不想看到的就是傷害你的那個人。就算他試著接近，你還是一肚子氣。但是要能釋懷放下，就要去面對你愛的人，那個剛才傷你傷得很深的人，並且請他幫忙。百分之百做你自己。全心全意地開口表達自己感到痛苦、需要幫助。

有用的三句話

把怒氣悶在心裡太久是不健康的。如果你火冒三丈、沒辦法平靜地說話，可以寫字條，放在對方看得到的地方。以下三句話可能會有幫助。第一句是：「親愛的，我很痛苦、我很生氣，而且我要你知道。」第二句是：「我正在努力。」這表示你可能在練習正念呼吸和行禪，不讓氣話脫口而出或做出憤怒的舉動。第三句是：「請幫助我。」把這幾句背下來或寫在信用卡大小的紙條上，放在皮夾裡，生氣時拿出來看看，就知道該怎麼做了。

你確定嗎？

別人的行動是他們自身痛苦的結果，而不是有意想傷害你。錯誤的認知可能是許多痛苦的原因。這就是為什麼每次產生認知時，就要自問這樣的認知是否正確。當我們跟朋友一起欣賞落日，很肯定夕陽尚未完全西沉，但科學家會說，我們看到的夕陽只是八分鐘前的夕陽影像。在日常生活中，我們受制於成千上萬這樣的錯誤認知。下一次你感到痛苦，而且認定是你最愛的人造成的，請開口向對方求助。

自尊心

尋求幫助時，自尊心往往從中作梗。在真愛裡，面子沒有容身之地。愛彼此就是信任彼此。如果你不把自己的痛苦跟所愛的人說，表示你對她的愛還不夠，因此不信任她。要知道，這個人是幫助你的最佳人選。我們必須學習從所愛的人得到幫助。

重新發現對方的好

所愛的人深陷痛苦之中，就沒有足夠的能力來擁抱你、幫助你減輕痛苦，你自然感到失望。你認為對方的存在對你不再有幫助，甚至開始懷疑自己是否還愛著他。如果你有耐心，練習關愛自己和對方，就有機會發現對方善良美麗的元素都還在。關愛自己，就有辦法支持你愛的人，重新建立關係中的喜悅。

深層的渴望

有時候，我們覺得空虛，心裡空空洞洞，好像有個大缺口。我們不知道原因，原因很模糊，但內心的這種空洞感非常強烈。我們期待也希望狀況會大大改善，好減低孤單與空虛的感覺。瞭解自己和瞭解生命是一種深層的渴望，被愛與愛人也一樣。我們準備好去愛以及被愛，這是很自然的。但因為我們覺得空虛，才會努力尋找愛的對象。有時候，我們沒有時間瞭解自己，卻已經找到了愛的對象。一旦明白那個人無法滿足自己的所有希望和期待時，就會繼續覺得空虛。你想要找到某樣東西，卻又不知道要尋找什麼。每

個人心中，都有持續不斷的渴望和期待；在你內心深處，你仍期待有更好的事情出現。這就是你一天要檢查電子信箱好多次的原因！

尋找蓋子的鍋子

我們經常覺得自己是沒有蓋子的鍋子。我們認為鍋蓋就在世界的某個地方，要是努力尋找，就會找到正確的鍋蓋。內心的空虛感一直存在。我們好好看著對方時，有時會以為看到了自己覺得缺乏的部分。我們自以為需要一個肩膀來靠，需要一個避風港，需要另一個人來減輕自己的痛苦。我們想成為對方注意、想念的對象。我們需要一個能好好照看我們的人，希望他用正念的能量擁抱我們的空虛感和苦。這種能量很快就讓我們上癮，以為少了那樣的注意，就活不下去。那樣的注意讓我們的空虛感降低，忘掉內心的

痛苦。我們無法產生自我關愛的能量時，就以為需要另一個人的能量。我們一心專注於自己的需求和缺口，而不是培養正念、專注和智慧的能量，來療癒自己和對方的苦。

定下來之前

一對情人即將在我常住的禪修中心「梅村」舉行婚禮。他們希望在婚禮前見我一面，我就在我的小茅屋裡接待他們。他們說：「老師，我們再過二十四小時就要結婚了。您覺得我們可以做什麼準備，讓婚姻生活幸福美滿？」我說：「最重要的是深觀自己的內心，看看自己還有什麼障礙。你還有跟誰沒有和解嗎？內心還有哪件事沒釋懷嗎？」和解的對象也可以是自己。如果不和自己和解，跟另一個人在一起就不可能幸福美滿。

在遠處和解

即使你要和解的對象在非常遙遠的地方，還是可以即刻進行和解。重要的是在自己的心中和解。如果心中的結解開了，就已足夠，因為這種和解的效果，之後隨時隨地都感覺得到。就算你想要和解的人拒絕回應，或者她已經過世，和解還是有可能的。和解是指內心釋懷並恢復平和。為了世界、為了眾生，請跟自己和解吧。你的祥和寧靜對大家是至關重要的。

成立家庭

夫妻在生孩子前，最好花一年的時間深入觀照自心、練習慈愛話語、深入傾聽，並學習其他方法幫助自己更自得其樂、更享受養育孩子的過程。把新生命帶到世界上是很嚴肅的事情。花一年的時間內觀自省、準備並不為過。醫生和治療師要花上十年的時間，才能取得執照，反觀一般人沒經過訓練或做好準備，就能當父母。父母可以學習如何在新生兒心底種下快樂、平靜和喜悅的種子。

慈心觀

愛的第一步就是接受真實原本的自己；愛的第一項練習是認識自己。巴利文 metta 的意思是「慈」。修慈心觀時，我們看到造就今日自己的眾因緣，進而讓我們容易接受自己，包括自己的苦與樂。練習慈心觀時，我們觸及到自己最深層的心願。但是去愛的意願和願心都還不是愛。我們必須用全部的生命深入觀照，才會瞭解禪觀的對象。慈心觀的練習不是自我暗示。我們要深入觀看自己的色、受、想、行、識。我們可以觀察自己已經具有多少的平靜、快樂和輕安。我們可以留意自己是否在擔憂意外或不幸，心裡還

有多少憤怒、煩躁、恐懼、焦慮或擔憂。覺察到內心的感受，自我瞭解就會更深入。我們會看到自己的恐懼和不平靜是如何造成不快樂的感受，也會看到自我關愛和培養慈悲的價值。愛會進入我們的思想、言語和行動裡。

深入挖掘

練習慈心觀就像深入挖掘地面，直到冒出最純淨的水。我們深觀內心，直到生起智慧，直到愛溢出表面。快樂和喜悅從我們的眼神中散發出來，周圍所有人都受益於我們的微笑和存在。如果好好照顧自己，就是在幫助所有人了。我們不再是世界的痛苦來源，而是成為帶來喜悅的清淨水庫。我們身邊都有知道怎麼好好照顧自己的人，他們喜悅愉快地生活，是我們最強而有力的支援。不管他們做什麼，都是為大家而做。

犯錯

人人都會犯錯。我們造成別人的苦；我們傷害所愛的人，事後又悔恨。但如果不犯錯，就不可能學習。如果能從錯誤中學習，就已經是把垃圾轉化成花朵了。錯誤經常是因為自己笨拙不善巧，並不是我們有心傷害彼此。我是從善不善巧的角度來看待行為，而不是從好或壞的角度來看。善巧的話，就能避免讓自己和對方受苦。如果有什麼話想跟對方說，就要說出來，但是要善巧地說，說的方式要能減少痛苦，而不是增加痛苦。

光有善意還不夠

光有善意是不夠的，還要巧妙。我們可能充滿善意、一心想讓對方快樂，但因為笨拙、不夠善巧而讓對方不快樂。行走、吃飯、呼吸、講話和工作都是機會，可以練習在內心和周圍創造快樂。正念生活是一門藝術，人人都要訓練自己成為藝術家。

找到自己的家

每個人都在努力尋找自己真正的家，有些人還在搜尋當中。我們真正的家就在內心，但也在周圍所愛的人心裡。處在一個相愛的關係裡，你和對方就能成為彼此真正的家。在越南話裡，對終生伴侶的暱稱是「我的家」。比如問一個男人：「你太太呢？」他可能會回答：「我家正在郵局辦事。」客人如果跟女主人說：「這一餐實在太美味了，誰煮的啊？」她可能會說：「我家準備的。」意思是「晚餐是我丈夫煮的」。

開門

一旦知道怎麼回到自己這個家,就可以敞開家門歡迎其他人,因為你有東西可以給予對方。對方如果要有所貢獻,他也得知道怎麼回到自己內在的家,否則除了孤寂、疾病、困苦,他沒有什麼可以與你分享,而這樣的關係完全沒辦法幫助你療癒。對方必須療癒自己、讓內心溫暖,才會覺得快樂自在,也才能夠和你分享他的家。

神聖的親密行為

如果有正念、專注、智慧、互相瞭解和愛，親密的性行為可以是很美的，否則便具有強大的破壞力。身心靈都處於和諧狀態時，親密行為是可以非常神聖的。出家人比在家人還容易修持正念的親密關係，因為禁欲比維持和諧的性關係來得容易。兩個人唯有彼此瞭解、互相有愛，才可以發展身體的親密關係。

疏導性欲

佛陀成道時是三十五歲,還相當年輕。人在這個年紀是充滿性欲的,如果能像佛陀一樣利用這股能量來利益眾生會很棒。我們禪修中心的年輕僧眾花大量的時間砍柴、澆菜、煮飯、坐禪和行禪。他們籌辦禪修營、照顧師兄弟,也照顧遠道而來跟我們一起生活和禪修的朋友。他們把精力用在勞務活動上,過著充實的日子。這幫助他們以不批判的心覺照性欲,並且學習妥善處理那股能量。

強大的願力

如果你由衷發願、擁有一個人生目標，那麼你對他人的愛就是這股願心的一部分，而不是造成你遠離願心的干擾。如果你和伴侶都想做些什麼來幫助世界脫離苦難，那麼你們對彼此的愛，就跟你對他人的關愛有了連結。接著，這股愛會迅速擴大，包含整個世界。

愛需要什麼才能存活？

佛陀說如果沒有食物，萬物無法存活，愛也是如此。如果不知道怎麼滋養和餵養自己的愛，愛就會枯萎。如果知道怎麼每天餵養自己的愛，愛就會長久存在。滋養愛的一個方式是意識到自己攝取了什麼。許多人一想到每日的滋養，就以為純粹指吃下肚裡的東西。但事實上，我們每天都在攝取四種食物：段食（放入口中滋養身體的食物）、觸食（我們聞到、聽到、嘗到、感受到和觸摸到的對象）、思食（帶給我們動力的動機和意念）和識食（包含個人意識、集體意識和環境）。

用段食來滋養愛

滋養的第一來源是段食（可以吃的食物）。飲食適量、只吃所需的食物、攝取幫助身體強壯又健康的食物，就是在向身體和大地展現愛與敬意。如果不吃健康的食物，也不尊重自己的身體，又如何能尊重其他人和大地的身體呢？

觸食

滋養的第二來源是感官印象,也就是眼、耳、鼻、舌、身、意所攝取的對象。看雜誌在攝取,看電視節目也是在攝取。不管攝取了什麼,都會影響身與心。如果攝取有毒的雜誌文章、電影、電動遊戲,這些東西就會餵養我們的貪婪、憤怒和恐懼。如果每天都撥出時間置身平和的環境中、在大自然中行走,甚至只是看一朵花或欣賞天空,那股美的力量就會滲透我們,餵養我們的愛和喜悅。

滋養最深層的渴望

第三種養分是思食。這是你的渴望、希望和願心，是維持你活著的能量。你想「成為」大人物，你想好好「發揮」人生。如果你被慈悲和愛所驅動，你的思想意志就會給予你能量、往適當的方向成長，變得更加慈悲。不過，要是你的渴望是不惜一切代價地占有或贏取，這種意志就是有毒的，不會幫助你的愛成長。你可以練習培養堅強、正面的意志，甚至可以把決心化作文字，比如：「我誓願讓自己更善解人意、更慈悲為懷，成為和平與愛的化身來幫助社會與世界。」這種意念的基礎是由衷的願心。

滋養識食

第四個滋養來源是集體意識和個人意識。個人意識受到環境的集體意識影響。我們吸收和反映周圍的一切。如果四周的居民都憤怒、暴力，我們終究會變得跟他們一樣。如果家庭和社群具有彼此瞭解、慈悲相處的文化，我們自然也會比較平和有愛心。在這種環境中長大的孩子將會溫和良善、充滿愛心。

四無量心

慈、悲、喜、捨被形容為沒有極限的心理狀
態，因為四者不斷增長、無法度量。你愈是
練習，就愈是看到自己的愛無限增長。你愈
是練習悲，悲心就愈大。你愈是培養喜，就
會感受到愈多的喜悅而能與人分享。你愈是
善解人意，愛就會愈強大；你的愛愈強大，
瞭解就會愈深刻。兩者是一體兩面；愛的心
與瞭解的心是同樣的。

身體之美

人體是我們所能看到最美的事物之一，我們
要練習帶著敬意來對待這種美。或許，我們
害怕深入觀看美，所以我們也無法尊重自己
和他人的身體。

寂寞與性

有時候，我們以為與某人發生性關係，就不會那麼孤單，但性關係其實無法減輕孤寂感。越南文裡有一首詩，描述一名年輕男子以為一定要跟愛人坐得非常近，心中的孤寂才會化解。我們以為彼此緊緊相依，孤單的感覺就會減少。要是彼此的距離有五公尺，那就太遠了，四公尺比較好，三公尺又更好。但就算是只相距一毫米，還是太遠了。身體緊緊相依時，我們彷彿覺得孤寂感因此而化解。但如果彼此不分享心中的願望和感受，就算住在一起或有了孩子，還是會覺得非常孤單。

伴侶之間的深入傾聽

我如果看到一對快快樂樂一起生活的伴侶，會建議他們安排固定的時間深入傾聽，這麼做能幫助他們維持幸福快樂的關係。深入傾聽時，最重要的是練習為對方而在。我們要為所愛的人確實地活在當下。對方的心中還有我們沒看到的苦。我們如果還不瞭解對方，就無法成為對方推心置腹的密友，無法成為能瞭解對方的人。這就像一流音樂家找到知音時，兩人必定成為最好的朋友；能夠瞭解我們的苦的人，就是最好的朋友。我們彼此傾聽，為彼此而在，否則過了一段時間之後，身體的結合只會淪為單調的例行公

事。如果你以為自己已經把對方瞭解得非常透徹，你就錯了。你可能連自己都還沒瞭解透徹呢！每個人都是有待探索的一個世界。

充實

我們應該練習把每一刻過得充實飽滿。我們
應該在每一呼吸、每一步伐、每一行動裡體
會到滿足的感覺,這才是真正的充實。呼吸
當中有滿足,步伐之間有踏實的喜悅,行動
之中有深刻活在當下帶來的圓滿。

自然的快樂

行禪時，確實念念分明地覺察每一步伐，沒有抱著要到哪裡去的目標，幸福就會自然生起。幸福不用你去追尋。我們與生命中奇妙的事物相應，就會覺察到許多幸福的條件早已存在，於是快樂自然生起。周圍的美把我們帶回到當下，於是占據心思的計畫和煩惱都放下了。你看著所愛的人時，如果發現他深陷焦慮當中，你可以幫助他脫離那種狀態。「親愛的，你看到太陽沒？你看到春天就要到來的徵兆嗎？」這就是正念；我們覺知到正在發生的現象，觸及到內心與周圍具備的幸福條件。

禪修

禪修會生起三種能量:正念、專注和智慧。這三種能量帶給我們力量,增長快樂、處理痛苦。苦也許存在,但具足了正念、專注和智慧的能量,就能全然接納並處理痛苦,同時又滋養快樂。

貢獻快樂的藝術

在友誼當中，我們會盡量把快樂帶給朋友。有時候，你以為自己正在做的事情會帶給別人快樂，但其實你的行動讓他們痛苦。光是有讓人快樂的意願是不夠的，畢竟你所認定的快樂不見得適合其他人。要讓別人快樂，就要瞭解對方的需求、苦、渴望。不要自以為知道什麼能讓別人快樂，要問對方：「什麼會讓你快樂？」

適合的禮物

越南有一種水果叫作榴槤，很多人愛極了。榴槤氣味很濃，也是昂貴的水果。很多人是榴槤迷，但我一點也不喜歡。有人看到我辛勤工作，可能會想：「唉呀，老師一定累壞了，我應該買一些榴槤來供養他。」但如果你逼我吃下榴槤，我會很痛苦。因此，愛一個人就要瞭解對方真正的需要，而不是把自己認定的快樂強加在對方身上。瞭解是愛的基礎。

澆花

練習正念生活的藝術，就是在自己和彼此的內心裡灌溉正面元素。我們看到對方就跟我們一樣，內心同時具備花朵和垃圾，進而接納這一點。我們要練習為所愛的人心中的花朵澆水，而不是把更多垃圾倒給他們。種花時，如果花長得不好，我們不會怪花，也不會跟花吵架。我們的伴侶就是一朵花。如果好好照顧對方，她會長得美麗芬芳；沒有好好照顧，會枯萎凋零。要幫助一朵花長得好，就要瞭解她的本性。她需要多少水和陽光呢？

無我

我們說「我愛你」時，通常是把焦點放在「我」這個概念，而不是「愛」這個品質，這是因為我們執著「我」這個概念。我們認為有個自我，但其實沒有所謂獨立分隔的自我。一朵花純粹是由非花的元素構成，比如葉綠素、陽光和水。要是把花的所有非花元素都去掉，就沒有所謂的花了。一朵花沒辦法獨立存在，一朵花跟萬事萬物是相即的；這種說法遠較其他說法接近實相。人類也是一樣；我們無法獨立存在，而是相即存在。我純粹是由非我的元素構成，比如大地、太陽、父母和祖先。在愛情關係裡，如果能看

到自己跟對方相即的本質，就能看到他的痛苦就是你自己的痛苦，你的快樂就是他的快樂。用這種方式觀看，你的言語行動就會有所不同。光是有這樣的改變，就能消除許多痛苦。

愛就是供養

愛不是占有對方,或是消耗對方全部的注意力和愛。愛是供養對方喜悅、舒緩對方的苦。這項能力是我們必須學習培養的。

大禮

體現不執著和不畏懼，是我們能送給他人的一個大禮。這是真實的教法，比金錢和物資都還要珍貴。許多人活在恐懼之中，而恐懼扭曲了生命，帶來不快樂。我們緊緊抓著人事物，好像溺水的人死命抓著浮木一樣。好好修持，才能體證無分別，見到萬物相連、萬法無常，並且把這樣的智慧與人分享──這就是在贈與無懼的禮物。一切都在無常變化。這一刻過去了，那個人走開了，但快樂還是可能延續的。

散發光亮

愛一個人時，應該要深入觀看那份愛的本質。如果跟一個人在一起是為了得到安全感，這可以理解，但這不是真愛。真愛不會滋長痛苦或執著，而是為自己和他人帶來幸福。真愛是從內心生起的。想要感受真愛，內心必須感到圓滿具足，而不是需要從外在得到什麼。真愛就像太陽，散發自己的光芒，也把光亮送給每個人。

放下概念心

我們對於快樂的概念和想法會帶來侷限。我們忘了這些只是概念和想法。而阻礙我們得到快樂的，可能正是這些關於快樂的概念。如果對快樂的形式預設立場，就無法看到眼前的喜悅契機。

人非聖賢

不要說：「慈、悲、喜、捨是聖賢的愛人之道，所以因為我不是聖賢，我不可能用那種方式愛人。」佛陀是人，他跟我們一樣修持。一開始，愛可能受到執著、占有欲和控制欲的沾染，但是練習正念、專注和智慧，就能轉化這些障礙，產生寬廣無盡、涵容一切、非凡的愛。

友誼

跟自己做朋友。如果你是自己真正的朋友，就能成為所愛對象的真正朋友。浪漫迷戀是短暫的，但友誼和慈悲能長長久久、不斷增長。

朝同一個方向觀看

《小王子》一書的作者安東尼‧聖修伯里寫道:「愛不是彼此注視,而是朝同一個方向觀看。」但關係觸礁的兩個人,就算朝同一個方向觀看,也往往是朝電視螢幕的方向觀看!日子一久,看著對方、與對方說話就變得困難,也不再帶來喜悅。分歧的意見懸而未決,緊張和不快樂卻不斷加深。我們如何把愛和快樂帶回到關係之中?首先要反思自己是怎麼造成這種情況的,然後要鼓起勇氣關掉電視,撥出時間跟彼此傾訴、互相傾聽。你是對方真正的愛人,你觀看的方向是和睦安好。

持久的承諾

如果沒有其他元素施壓,你現在所謂的愛可能很快就變質了。親朋好友的支持編織成一種網子,幫助愛情關係堅強而持久。你的感情是一股力量,但只是那面網子的一條繩子。你們的關係如果有許多元素支持,就會跟樹一樣穩固堅實。一棵樹為了挺住風吹雨打,就往地底扎下好幾條樹根。倘若樹根只有一條,風一颳樹就倒了。

創造快樂的藝術

歡喜快樂的本質是什麼？我們如何在生命中的每一刻觸及真正的喜悅？我們要怎麼過生活，才能為碰到的每個人帶來笑容、關愛的眼神和快樂？善用你的才能，找到為自己和他人帶來快樂的方式 —— 因禪修生起的喜樂，跟追求感官快樂帶來的感覺是不同的。禪悅具有滋養正念、瞭解和愛的能力。你的生活方式，要能激發自己和他人深層的喜悅。你可以發願早上為一個人帶來喜悅，下午為一個人減輕痛苦。問自己：「今天早上，我能讓誰微笑？」這就是創造快樂的藝術。

熟睡的孩子

有時候，你可能會坐在小孩身旁，看她熟睡的模樣。小孩熟睡時，呈現了她的柔嫩、苦與希望。好好觀看小孩睡著的樣子，同時觀照自己的感受；瞭解和慈悲會油然而生，你會知道怎麼照顧那個孩子、讓她快樂。同樣的道理也可以用在伴侶身上。你應該找機會觀察對方睡覺的樣子。深入觀看，見到他熟睡時顯露的溫柔、苦、希望與絕望。坐在那裡十五分鐘或半小時，純粹觀看就好。瞭解和慈悲會油然而生，你會知道怎麼支持你的伴侶。

學習愛

如果父母不愛彼此、不瞭解彼此,我們又怎麼知道愛長什麼樣子呢?學校沒有開設愛情課程。如果成人知道怎麼照顧彼此,在這種環境中長大的小孩,自然也知道怎麼愛、瞭解、為他人帶來快樂。父母能給孩子最珍貴的傳家寶,就是他們自身的幸福快樂。父母可能留給我們財產、房子、土地,但他們可能並不快樂。如果有快樂的父母,等於繼承了世界上最豐富的遺產。

原諒

許多人拖到太晚，才看到自己真正重視的是什麼。感官欲望可能強大得令人招架不住，往往要到後來，才看到許多需要我們注意的重要事情。人人都會犯錯，但你不能一再請求別人原諒。舉例來說，你可以訓練自己不要動不動就大聲咆哮，而不是咆哮完後才說：「抱歉剛剛對你大吼。」撥出時間、下定決心練習觀照行為的根源，而不是草草道歉了事。

反思愛情關係的二十個問題

一、你在談戀愛嗎？

二、你還愛著對方嗎？

三、如果愛意漸漸淡去，你想跟對方重新產生連結嗎？

四、你覺得對方快樂嗎？

五、你們有時間相處嗎？

六、你跟自己或對方相處時，是否有辦法確實處在當下？

七、你有辦法每天帶給對方清新的品質嗎？

八、你知道怎麼處理自己的苦嗎？

九、你有辦法幫助對方處理痛苦嗎？

十、你瞭解自己痛苦的根源嗎？

十一、你有辦法瞭解對方的苦嗎？

十二、你有能力幫助對方減輕痛苦嗎？

十三、如何讓自己的痛苦情緒及感受平靜下
　　　來，你學會了嗎？

十四、你有時間傾聽自己和內心深處的渴望
　　　嗎？

十五、你有時間傾聽對方、幫助對方減輕痛
　　　苦嗎？

十六、你有能力幫自己創造喜悅的感覺嗎？

十七、你有能力幫助對方創造喜悅的感覺
　　　嗎？

十八、你覺得自己的靈修之道清楚嗎？

十九、你內心感到平靜滿足嗎？

二十、你知道怎麼每天滋養愛嗎？

增長真愛的練習

「怎麼愛」六真言

一：我為你在這裡

確實處在當下是我們能送給他人最大的禮物。「我為你在這裡」是六真言的第一句。你專注一境、身心合一時，就是真正活在當下，你說的任何話都是真言、都是聖語，能夠轉化情境。真言不見得要用梵文或藏文來念，可以用你自己的語言來說。「親愛的，我為你在這裡。」如果你真真實實活在當下，這句真言就會產生奇蹟。你變得真實，對方變得真實，生命在那一刻也變得真實。你把快樂帶給了自己與對方。

二：我知道你在那裡，我滿心歡喜

六真言的第二句是：「我知道你在那裡，我滿心歡喜。」我看著滿月時，會深深地呼吸，默念：「滿月，我知道你在那裡，我滿心歡喜。」看到晨星時，我也這麼做。當你看著美麗的落日，確實處在當下，就會深刻體認到落日而由衷地欣賞。每當你確實活在當下，就能體認到對方的存在而由衷地欣賞，不管對方是滿月、北極星、木蘭花，或是你所愛的人。

三：我知道你在受苦

第三句真言是：「我知道你在受苦，所以我為你在這裡。」你保持念念分明，就會注意到所愛的人什麼時候感到痛苦。我們如果覺得痛苦，所愛的人卻沒有覺察到，這時我們會覺得更痛苦。只要練習了了分明地呼吸，把自己帶回到真正的當下，然後在所愛的人身旁坐下來，說：「親愛的，我知道你在受苦，所以我在這裡支持你。」你的存在本身已經幫對方減輕一些痛苦了。不管你年紀多大或多小，都可以這麼做。

四：我在受苦

第四句真言是你自己感到痛苦時，可以練習的：「親愛的，我在受苦，請幫忙。」這句真言才十個字，有時卻因為自尊心難以啟齒，尤其當我們認為帶來痛苦的正是所愛的對方時，更是不願意說。如果帶來痛苦的是別人，要說出口就不會那麼困難了。正因為傷害者是他，我們才會覺得很受傷，想躲到房間裡暗自哭泣。但如果我們真的愛對方，這麼痛苦的時候就要請求幫忙。我們要克服自尊心。

五：這一刻好幸福

第五句真言是：「這一刻好幸福。」你跟所愛的人在一起時，你可以說這句真言。這不是自我暗示或痴人說夢，而是覺醒過來、意識到現存的快樂條件。也許你不夠了了分明，才沒有意識到快樂的因緣。這句真言是提醒自己非常幸運；我們有許多快樂的因緣，如果不把握這些因緣，是很不明智的。因此，你們坐在一起、一起走路、用餐或做什麼的時候，都要正念分明地呼吸，體認到自己有多麼幸運。當下這一刻因為正念而變得美妙。

六：你說對了一部分

第六句真言是：「你說對了一部分。」有人褒獎你或批評你時，你都可以說這句真言。我有缺點也有優點。如果你褒獎我，我不應該得意忘形，忽略自己的負面部分。我們看到對方的美麗特質時，往往忽視了沒那麼美麗的部分。我們是人，因此正面、負面的特質都有。因此當你愛的人讚美你、說你是完美的化身時，你要說：「你說對了一部分。你知道我也有不足的地方。」這麼一來，你保有謙虛，同時又不會淪為痴想的受害者，因為你知道自己並不是一百分。有人批評你時，你也可以說：「你說對了一部分。」

愛的觀想

以下的慈心觀（Metta Meditation）改編自覺音尊者所著的《清淨道論》，這本論著成書於西元五世紀，系統化地呈現佛陀的教法。

願我身心平和、快樂、輕安。
願我平安不受傷害。
願我心中沒有憤怒、煩惱、恐懼或焦慮。

願我學習用瞭解和慈愛的眼睛看待自己。
願我有能力辨認並碰觸到內心喜樂的種子。
願我學習辨認與觀照內心貪、瞋、痴的源頭。

願我知道每天如何滋養內心的喜悅種子。
願我過著清淨、踏實、自由的日子。
願我解脫執著與厭惡的束縛，但不會冷漠無情。

首先靜靜坐著，讓身體和呼吸平穩下來。你如如不動地坐著，心裡不被其他事占據。

開始對自己練習慈心觀（「願我身心平和……」）。除非你有辦法愛自己、照顧自己，否則你對別人不會帶來多大的幫助。接著，對別人練習慈心觀（「願他／她／你／他們身心平和……」）——首先是你喜歡的人，然後是你不喜歡也不討厭的人，接著是你所愛的人，最後是你光想到就覺得痛苦的人。練習慈心觀之後，你會發現自己有辦法帶著真誠的慈悲想到他們。

慈悲傾聽

在練習慈悲傾聽時，你只抱著一個目的：讓對方有機會傾訴、減輕痛苦。練習深呼吸，專注於你所聽到的內容。對方說話時，可能會表達心中的苦悶，提出錯誤的認知，或是指控責怪。如果你讓這些話語引爆內心的怒火，就失去了深入傾聽的能力。正念分明地傾聽，幫助你保有慈悲。若有正念的保護，你的憤怒就不會一觸即發。這樣的傾聽就算只有十五分鐘，都會有強大的療癒作用，能讓對方如釋重負。你也許是對方生命裡第一個這麼用心傾聽的人。

揀擇性地澆水

揀擇性地澆水是指灌溉心田中的善種子，讓心識裡健康正面的元素有機會展現出來。我們的生活安排，得讓心中的善種子一天被觸碰及灌溉好幾次。

我們是園丁，負責辨認、灌溉和栽培自己和他人心中最好的種子。我們要有信心，相信內在確實有善的種子。然後帶著適當的注意，在坐禪、行禪及一整天當中，觸碰那些種子。只要有一次成功經驗，就會知道怎麼一再觸碰正面的種子，讓它們茁壯生長。

擁抱禪

我們擁抱時，會心心相印，知道自己不是獨立分隔的個體。擁抱時帶著正念與專注，就能帶來和解、療癒、瞭解和許多快樂。正念擁抱的修持法已經幫助好多人彼此和解，包括父子、母女、朋友。

你可以跟朋友、女兒、父親、伴侶，或甚至一棵樹練習擁抱禪。擁抱是深奧的修持法；你要完完全全處在當下，才有辦法正確做到。我喝一杯水時，是把百分之百的自己投入喝水的動作。你可以訓練自己這樣度過生活的每一片刻。

擁抱之前，先面對面站著，跟隨呼吸，讓

自己確實回到當下。接著張開雙臂，擁抱你所愛的人。在第一次吸氣和呼氣時，覺察你和對方都是有生命的；在第二次吸氣和呼氣時，想想三百年後你們兩個會在哪裡；第三次吸氣和呼氣時，覺知到兩個人都還活著，是多麼珍貴的一件事。

這麼擁抱時，對方就變得真實、有生命。不用等到臨行前才擁抱；現在就可以擁抱了，接收對方當下散發的溫暖與安定。建築師在建造機場和車站時，需要預留足夠的空間給旅人練習擁抱。當你這麼擁抱時，就會抱到心裡深處，快樂也嵌入心坎裡。

五 覺知

以下語句，人人可以隨時練習來維繫感情。
許多人在婚禮或承諾儀式上念誦這些語句，
有些夫婦喜歡每週向對方念一遍。如果你有
鐘或磬，可以念完一句請一次鐘聲，靜默呼
吸幾次之後再進入下一句。

一、我們覺知到世世代代的祖先和子孫都
　　存在於我們的身心之內。
二、我們覺知到祖先和後代子孫對我們的
　　期望。
三、我們覺知到自己的喜悅、平靜、自由
　　與和諧，就是祖先和後代子孫的喜
　　悅、平靜、自由與和諧。

四、我們覺知到瞭解是愛的基礎。

五、我們覺知到責怪和爭吵永遠沒好處，
只會讓彼此的嫌隙愈來愈大；只有瞭
解、信任和愛能幫助我們改變與成
長。

相關書籍

《覺醒的喜悅》（*Awakening Joy*）
　　詹姆士‧巴拉茲（James Baraz）與蘇珊娜‧
　　亞歷山大（Shoshana Alexander）合著

《自在》（*Be Free Where You Are*）　　　一行禪師 著

《當下自在》（*Being Peace*）　　　　　　一行禪師 著

《呼吸，你活著》（*Breathe, You are Alive!*）
　　　　　　　　　　　　　　　　　　　　一行禪師 著

《深度放鬆》（*Deep Relaxation*）
　　　　　　真空法師（Sister Chan Khong）著

《幸福》（*Happiness*）　　　　　　　　　一行禪師 著

《怎麼坐》（*How to Sit*）　　　　　　　　一行禪師 著

《回到家，我看見真心》（*Making Space*）
　　　　　　　　　　　　　　　　　　　　一行禪師 著

《正念時刻》（*Moments of Mindfulness*）
　　　　　　　　　　　　　　　　　　　　一行禪師 著

《涅槃之前》（*Not Quite Nirvana*）
　　　　　　瑞秋・紐曼（Rachel Neumann） 著

《一次一小口》（*Small Bites*）
　　　　　　安娜貝爾・金澤爾（Annabelle Zinser） 著

《十次呼吸得快樂》（*Ten Breaths to Happiness*）
　　　　　　格倫・施奈德（Glen Schneider） 著

國家圖書館出版品預行編目資料

怎麼愛 / 一行禪師（Thich Nhat Hanh）著；吳茵茵譯. --
初版. -- 臺北市：大塊文化, 2016.09
面；　公分. --（smile；125）（跟一行禪師過日常）
譯自：How to love
ISBN 978-986-213-731-4（平裝）

1. 佛教修持　2. 生活指導

225.87   105014970